Carmen Käuflin

Legasthenie - ein Überblick über die Symptomatik, ihre Ursachen, Auswirkungen, sowie Therapiemöglichkeiten

GRIN Verlag

Bibliografische Information der Deutschen Nationalbibliothek:

Die Deutsche Bibliothek verzeichnet diese Publikation in der Deutschen National-
bibliografie; detaillierte bibliografische Daten sind im Internet über http://dnb.d-
nb.de/ abrufbar.

Impressum:

Copyright © 2008 GRIN Verlag GmbH
Druck und Bindung: Books on Demand GmbH, Norderstedt Germany
ISBN: 978-3-656-05939-4

Dieses Buch bei GRIN:

http://www.grin.com/de/e-book/182106/legasthenie-ein-ueberblick-ueber-die-
symptomatik-ihre-ursachen-auswirkungen

GRIN - Your knowledge has value

Der GRIN Verlag publiziert seit 1998 wissenschaftliche Arbeiten von Studenten, Hochschullehrern und anderen Akademikern als eBook und gedrucktes Buch. Die Verlagswebsite www.grin.com ist die ideale Plattform zur Veröffentlichung von Hausarbeiten, Abschlussarbeiten, wissenschaftlichen Aufsätzen, Dissertationen und Fachbüchern.

Besuchen Sie uns im Internet:

http://www.grin.com/

http://www.facebook.com/grincom

http://www.twitter.com/grin_com

FAU Erlangen-Nürnberg
Institut für Germanistik
Wintersemester 2007 / 2008
Proseminar: Spracherwerb

Legasthenie

Carmen Käuflin

M.A., Germanistische Linguistik HF, Buchwissenschaft HF

Inhaltsverzeichnis

1 Einleitung

Legasthenie, auch bekannt als Lese- und Rechtschreibschwäche. Eine Angelegenheit, die mehr Menschen betrifft als man es eigentlich erwarten würde. Es wird derzeit angenommen, dass ungefähr zwischen 4 % und 6 % der Schüler in Deutschland von Legasthenie oder ähnlichen Dysfunktionen wie zum Beispiel Dyskalkulie, der Rechenschwäche, betroffen sind.[1] Diese Hausarbeit soll dazu dienen einen groben Überblick über die Symptomatik der Legasthenie, ihre Ursachen, Auswirkungen, sowie Therapiemöglichkeiten zu bekommen.

2 Definition

Zu Beginn folgt eine Definition des Wortes Legasthenie die dem Duden, das große Fremdwörterbuch, entnommen ist.

> „Legasthenie – die; -,...ein: die Schwäche, Wörter und zusammenhängende Texte zu lesen, oder zu schreiben (bei Kindern mit normaler oder überdurchschnittlicher Intelligenz und Begabung; psychol., Med.."[2]

Der Begriff Legasthenie wurde 1916 vom Neurologen und Psychiater Paul Ranschburg geprägt. Er wird gleichbedeutend mit der Umschriebenen Lese-Rechtschreibschwäche (LRS) benutzt.[3] Da vor allem in der Literatur keine einheitliche Verwendung der Begriffe vorliegt, wird im weiteren Verlauf dieser Arbeit der Terminus Legasthenie verwendet und außerdem mit den drei Unterteilungen gearbeitet werden:[4]

- *F81.0 – Lese-Rechtschreibstörung*
- *F81.1 – isolierte Rechtschreibstörung*
- *F81.3 – kombinierte Störung schulischer Fertigkeiten*

---

[1] BVL Wissenschaft: URL: http://www.bvl-legasthenie.de/wissenschaft [04.02.2008].
[2] Duden - Das große Fremdwörterbuch 2003, S. 796.
[3] Vgl. Warnke, Andreas 1996, S. 288–289 und Ranschburg Paul, 1928, S. 33.
[4] Vgl. Warnke, Andreas 1996, S. 294–296 und Warnke, Andreas / Amorosa, Hedwig u.a. 2003, S. 207f.

Auf die typischen Charakteristika dieser drei Kategorien wird in Kapitel *3* noch genauer eingegangen werden. Ebenso werden die Begriffe der Lese-Rechtschreibstörung und der Lese-Rechtschreibschwäche etwas ausführlicher behandelt.

3 Legasthenie – wie äußert sich das?

Jede der drei im vorherigen Kapitel genannten Klassifikationen hat, wie bereits erwähnt ihre eigenen Merkmale.

Da wäre zunächst *F81.0 die Lese- und Rechtschreibstörung*. Mit ihr geht einher, eine umschriebene Beeinträchtigung in der Entwicklung der Lesefertigkeiten. Damit ist oftmals auch die Rechtschreibung betroffen. Im Erwachsenenalter hat sich die Lesefähigkeit meist stark verbessert, die Rechtschreibproblematik hingegen bleibt weiterhin bestehen und ist das größere Defizit der beiden.[5]

Die *isolierte Rechtschreibstörung F81.1* diagnostiziert sich durch eine Entwicklungsstörung in der Rechtschreibfertigkeit, ohne dass dem eine umschriebene Lesestörung vorausgegangen ist.[6]

Bei der *kombinierten Störung schulischer Fertigkeiten F81.3* steht ganz klar die Beeinträchtigung des Erlernens des Lesens, Rechtschreibens und des Rechnens im Vordergrund.[7]

Ebenso unterscheidet sich die Diagnostik von Lese-Rechtschreibstörung und Lese-Rechtschreibschwäche in einigen Punkten. Für eine Lese-Rechtschreibstörung sind die folgenden Richtwerte ausschlaggebend:[8]

- Das Intelligenzniveau des Kindes liegt nicht im Bereich einer geistigen Behinderung (der IQ läge dann unter 70).

---

[5] Vgl. Ebd. u.a. 2003, S. 207.
[6] Ebd. u.a.
[7] Vgl. Ebd. u.a. 2003, S. 208.
[8] Vgl. Warnke, Andreas 1996, S. 300, vgl. Warnke, Andreas / Amorosa, Hedwig u.a. 2003, S. 213f., S. 218 und vgl. BVL Definition: URL: http://www.legasthenie.net/index.php5?p=/legasthenie/definition [04.02.2008].

- Die Lese- und Rechtschreibleistung sollte deutlich schlechter sein, als man es bei der ermittelten Intelligenzentwicklung erwarten würde.
- In einem Lese-Rechtschreibtest sollten etwa 90% der Vergleichskinder besser sein.

Bei dieser Diagnose spricht man auch von einem *„doppelten Diskrepanzkriterium"*. Das *erste Diskrepanzkriterium* beinhaltet, dass die Lese- oder Rechtschreibleistung deutlich niedriger ausfällt, als bei der übrigen Altersgruppe. Und das *zweite Diskrepanzkriterium* besagt, dass die Lese- oder Rechtschreibleistung erheblich schwächer ausfällt, als es der Intelligenzquotient erwarten lassen würde.[9]

Die Lese-Rechtschreibschwäche hingegen lässt sich durch Ursachen wie zum Beispiel psychische oder neurologische Erkrankungen, mangelnde Beschulung oder durch Sinnesbehinderungen wie Schwerhörigkeit oder Sehbehinderungen erkennen. Sollten diese Ursachen ausgeschlossen werden können und ist die Intelligenz des Kindes ausreichend entwickelt, dann ist keine Lese- Rechtschreibschwäche sondern eine Lese-Rechtschreibstörung zu diagnostizieren.[10]

Wie aber äußert sich so eine Lese-Rechtschreibstörung nun konkret? Hierzu erfolgt eine Aufteilung der Störung in Lesestörung und Rechtschreibstörung.

Kennzeichen einer Lesestörung:[11]

- Auslassungen
- Ersetzungen
- Niedrige Lesegeschwindigkeiten

---

[9] BVL Definition: URL: http://www.legasthenie.net/index.php5?p=/legasthenie/definition [04.02.2008].
[10] Ebd. und vgl. Warnke, Andreas / Amorosa, Hedwig u.a. 2003, S. 215–217.
[11] Vgl. BVL Symptomatik: URL: http://www.bvl-legasthenie.de/index.php5?p=/legasthenie/symptomatik#1 [04.02.2008].

- Startschwierigkeiten beim Vorlesen, langes Zögern oder Verlieren der Zeile im Text
- Geringes Leseverständnis
- Probleme mit Doppellauten

Kennzeichen der Rechtschreibstörung:[12]

- Buchstabenverdrehungen
- Reihenfolgefehler; Wörter stehen an der falschen Stelle im Satz
- Regelfehler
- Phonemfehler; Verstöße gegen die lautgetreue Schreibung und die Buchstaben-Laut-Zuordnungsregeln, sowie Probleme bei der Wortdurchgliederung
- Auslassungen von Wörtern und Buchstaben
- Fehlerinkonstanz; ein und dasselbe Wort kann in verschiedenen Varianten falsch geschrieben werden

Zusätzlich können sich bei der Lese-Rechtschreibstörung noch Probleme beim Leseverständnis ergeben. Diese äußern sich dann zum Beispiel in der Unfähigkeit das Gelesene wiederzugeben, Zusammenhänge zu erkennen oder aus dem soeben Gelesenen Schlüsse zu ziehen. Aufgrund der enormen Fehlerinkonstanz ist es daher nicht wirklich möglich, genaue und stabile Fehlerprofile zu ermitteln.

Wie es überhaupt zur Legasthenie kommen kann und wie die Ursachen im Einzelnen aussehen, wird im folgenden Kapitel erläutert.

4 Ursachenforschung

Die Legasthenie gehört zur Gruppe der komplexen Störungen und kann daher verschiedene Ursachen haben. Am wahrscheinlichsten wird das Zusammenwirken von genetischen Faktoren und Umwelteinflüssen gehalten. Oftmals sind Veränderungen in der auditiven und visuellen Wahrnehmung genetisch bedingt. Es wird außerdem vermutet, dass das Risiko

---

[12] Vgl. Ebd. [04.02.2008].

einer Legasthenie erhöht ist, wenn zum Beispiel beide Elternteile auch von Legasthenie betroffen sind.[13] Hierzu folgen zunächst einige Beispiele, die Genetik betreffend.

Betrachtet man zum Beispiel die Konkordanz für Legasthenie bei Zwillingen, so scheint es durchaus plausibel, dass Legasthenie genetisch beeinflusst ist. Die besagte Konkordanz bei eineiigen Zwillingen liegt mit 68 % deutlich höher als bei zweieiigen Zwillingen, bei denen die Konkordanz nur 38 % beträgt.[14] Vermutet wird eine polygenetische Ursache, die mit dem auf dem 6. Chromosom identifizierten Gen mit der Bezeichnung *DCDC2* zusammenhängt. Von diesem Gen wird angenommen, dass es maßgeblich an der Migration von Nervenzellen im fetalen Gehirn beteiligt ist.[15]

Auf dem Gebiet der Neurologie konnte nachgewiesen werden, dass in Risikofamilien bereits Neugeborene abweichende Hirnstrommuster zeigen, bei der Darbietung sprachlicher und nicht-sprachlicher akustischer Stimuli. Bei Schülern und Erwachsenen sind ebenfalls abweichende Aktivierungsmuster in der Großhirnrinde nachweisbar. Betroffen sind vor allem die Sprachverarbeitenden Zentren im Schläfen- und Stirnlappen der linken Gehirnhälfte. Zu beobachten ist ebenfalls, dass die beiden Gehirnhälften nicht ausreichend synchron arbeiten oder aber nicht genügend vernetzt sind.[16]

Es wurden auch Zusammenhänge zwischen Legasthenie und einer Sprachentwicklungsverzögerung gefunden. Erklärt wird dieser Umstand folgendermaßen: Kinder, erreichen mit ca. 18 und 24 Monaten die 50-Wort-Grenze und beginnen Zwei-Wort-Sätze zu verwenden. Zwischen 13 % bis 20 % der Kinder verfügen jedoch auch im Alter von 24 Monaten noch nicht über 50 Wörter. Diese Kinder werden als „late talkers" bezeich-

---

[13] Vgl. BVL Ursache: URL: http://www.bvl-legasthenie.de/legasthenie/ursache [04.02.2008].
[14] Vgl. Fisher, Simon E. / DeFries, John C. 2002, S. 767–780.
[15] Vgl. Schumacher, Johannes 2006, S. 52–62.
[16] Vgl. Molfese, Dennis L. 2000, S. 238–245 und vgl. Guttorm Tomi u.a. 2001, S. 534–544.

net.[17] Bis zum Alter von drei bis vier Jahren hat die Hälfte der „late talkers" diesen Entwicklungsstand jedoch wieder aufgeholt. Man nennt sie deshalb auch „late bloomers". Bei der anderen Hälfte manifestiert sich eine Sprachentwicklungsstörung. Die Hälfte der „late bloomers" mit einer Sprachentwicklungsverzögerung entwickelt später auch eine Legasthenie.[18] Es ist außerdem anzumerken, dass die phonologische Informationsverarbeitung, also die phonologische Bewusstheit, eine der wichtigsten Einzelindikatoren ist und als Merkmal mit Vorhersagekraft für, die Leseenetwicklung gesehen wird.[19]

Im nächsten Kapitel wird, unter Anführung zweier Beispiele, die Rolle der häuslichen Lesesozialisation untersucht.

4.1 Beispielfälle

In diesem Teil der Arbeit werden anhand von zwei Beispielen einige der in Kapitel 2 aufgelisteten Merkmale der Legasthenie aufgezeigt.

Die folgenden kurzen Auszüge stammen von zwei, der Verfasserin dieser Arbeit, sehr gut bekannten Personen, die aber aus offensichtlichen Gründen anonym bleiben möchten. Beispielperson 1 ist weiblich und stammt aus einem sozial sehr instabilen und schwachen Umfeld. Beispielperson 2 ist männlich und stammt aus einem gefestigten sozialen Umfeld. Der Inhalt der beiden Proben ist absolut unerheblich für die Arten der auftretenden Merkmale und Fehler der Legasthenie. Es sei noch angemerkt, dass die Probanden gebeten wurden, der Verfasserin etwas Schriftliches zukommen zu lassen bei dem sie sich nicht auf die Rechtschreibung konzentriert hatten und auch kein Rechtschreibprogramm benutzt worden war.

---

[17] Vgl. Grimm, Hannelore / Wilde, Sabine 1998, S. 445–474.
[18] Vgl. McArthur, G. M. u.a. 2000, S. 869–874.
[19] Vgl. Elbro, Carsten 1996, S. 453–485.

Beispiel 1:

„hier *snd* ein paar *Zlen* ohne *Rechtschrbpogeramm*. Bitte nicht er-
schrecken, manche Sachen sehen *betimmt* fruchtbar *aush*. Ich hoffe,
dass ich damit dir hefen kann. Bei mir hat man *Legstenie* entdeckt, als
ich beim Lesen und *schreiben* immer Buchstaben verdreht *ohder*
weggelassen habe. Und mit dem flüssig lesen hatte ich auch arge
Schewirigkeiten, das ging nur, wenn ich den Text vorher auswendig
gelernt hatte."[20]

Wie man an diesem Beispiel sehr gut erkennen kann, herrschen vor allem
Auslassungen (Zeile 1, 2, 3, 4) und Buchstabenverdrehungen (Zeile 1)
vor. Dies wurde von der betroffenen Person auch selbst als ihr Haupt-
problem angegeben. Hin und wieder wurden auch Buchstaben hinzugefügt (Zeile 2, 5). Auch ein kleiner Reihenfolgefehler ist zu verzeichnen
(Zeile 3). Von Beispielperson 1 wurde mir ebenfalls berichtet, dass bei ihr
Legasthenie festgestellt wurde, weil sie immer Buchstaben verdrehte oder
ganz weg ließ. Flüssig lesen und schreiben bereiteten ihr auch große
Schwierigkeiten. Daraufhin wollte man sie zuerst als einen Fall für die
Sonderschule einstufen, stellte aber nach einigen weiteren Tests fest,
dass ihre Intelligenz weitaus höher war als die ihrer Mitschüler. An einer
intelligenzbedingten Behinderung lag es also nicht. Allerdings gibt es in
ihrer Familie weitere Legastheniker. Auch wäre ihr damaliges soziales
Umfeld als sehr schwach einzuordnen. Im weiteren Verlauf besuchte sie
die Hauptschule, schloss als eine der besten ab, erarbeitete sich die Mitt-
lere Reife, sowie das Abitur und studiert heute erfolgreich. Eine besondere
Förderhilfe hat sie allerdings nicht erhalten. Sie gibt aber an, dass sie trotz
aller Umstände immer sehr viel gelesen hat und das Gefühl hatte, dass ihr
das doch etwas geholfen hat.

---

[20] Beispiel Person 1.

9

Beispiel 2:

„4) Für uns *interresant* ist ja der Zusammenhang zwischen Schmelz-
strömung an der Dendritenspitze und *unterkühlung* in *der* Lücken zwischen den Spitzen auf *höhe* Wachstumsfähiger *tertiärarme* und die
Ausdehnung der *Diffusionsgernzschicht* der Spitze. Gibt es noch einen Anderen *Ansatzt* als Phasenfeldsimulation oder Fronttracking
(damit meine ich *nihct* die *verfolgung* der Spitze wie in meinem Modell
sonder die *Direkte* Bestimmung der Form der Phasengrenze - ist eine
Alternatives Vefahren zum Phasenfeld) um diesen *zusammenhang* zu
quantifizieren?"[21]

In diesem Abschnitt wird vor allem deutlich, dass Verben und Substantive,
bzw. deren Schreibung Probleme bereiten (Zeile 2, 3, 6, 7). Hin und wieder wurden Buchstaben hinzugefügt (Zeile 4, 5), weggelassen (Zeile1)
oder verdreht (Zeile 6). Ganz zu Beginn (Zeile 1) ist auch ein Doppellaut-
fehler vorhanden. Im Übergang von Zeile zwei zu Zeile drei ist noch ein
Fehler aufzufinden, der aber mehr nach mundartlicher Schreibung aus-
sieht. Im Gegensatz zu Beispielperson 1 wuchs Beispielperson 2 in einem
sozial gefestigten Umfeld auf, es sind keine weiteren Legastheniker in der
Familie bekannt und die Person machte ebenfalls ihr Abitur, schloss das
Studium erfolgreich ab und promoviert derzeit. Beispielperson 2 erhielt als
Kind eine Logopädische Therapie und gibt an, dass ihr das sehr geholfen
hat.

Wie schon am Ende von Kapitel *3* angekündigt kommt hier noch ein
kleiner Abschnitt über die häusliche Lesesozialisation. Für Kinder aus sozial schwachen Schichten besteht ein höheres Risiko, dass eine Lese-
Rechtschreibschwäche auftritt. Es muss außerdem dringend festgehalten
werden, dass ungünstige sozioökonomische Verhältnisse nicht
zwangsläufig zu Lese- und Rechtschreibproblemen führen. Hier spielt
auch der Fernsehkonsum eine Rolle. Dabei ist nicht die Dauer sondern die
Qualität des Fernsehprogramms entscheidend.[22]

---

[21] Beispielperson 2.
[22] Vgl. Ennemoser, Marco u.a. 2000, S. 236–250.

Ganz verschwunden ist die Legasthenie bei den zwei Probanden, wie anhand der beiden Beispiele gezeigt werden konnte, nicht. Aber es ist ihnen beiden möglich mit verstärkter Konzentration, genügend Zeit und einem guten Rechtschreibprogramm, sofern es sich nicht um handschriftliche Stücke handelt, der Lage Herr zu werden, oder sie zumindest erheblich zu verbessern.

Die Erfahrung, dass man sich mal eben schnell vertippt, wird auch von der Verfasserin jeden Tag aufs Neue, beim Erstellen von Texten am Computer, gemacht.

Im nächsten Kapitel soll darauf eingegangen werden, wie die Umwelt mit Legasthenie und ihren Betroffenen umgeht.

4.2 Wie geht die Umwelt damit um; Eltern und Schule

Leider haftet Legasthenikern auch heute noch manchmal das Stigma der Faulheit oder gar der Dummheit an. Völlig zu Unrecht, denn die Störung tritt, wie gezeigt wurde, nicht intelligenzbedingt bei den Betroffenen auf. Aus den bereits genannten Gründen verschweigen viele erwachsene Legastheniker ihre Störung. Vor allem die Kinder haben es schwer. Die gesamte Situation, bestehend aus schlechten Noten, dem Leistungsdruck, minimalen bis hin zu gar keinen Fortschritten trotz verstärktem Üben zu Hause und eventuell fehlendem Rückhalt durch die Familie, setzt sie einem enormen psychischem Druck aus. Es ist daher sehr wichtig, die „Schuldfrage" so früh wie möglich aus der Welt zu schaffen. Auf diese Weise kann sich die Situation etwas entspannen und nimmt beiden Parteien den Druck.

Bleibt noch zu klären, wie die Institution Schule mit der Situation umgeht. Zunächst einmal sollte ganz klar gesagt werden, dass das Lehren von Lesen und Schreiben eindeutig Aufgabe der Schule ist. Sollten sich also in dieser Hinsicht Probleme und / oder Schwierigkeiten beim Kind bemerkbar machen, so ist dies die erste Stelle an der dies aufgegriffen werden sollte. Die Erkennung solch einer Problematik jedoch setzt in dieser Hinsicht geschultes Lehrerpersonal voraus und das ist leider immer noch

Mangelware an den meisten deutschen Schulen. Hinzu kommt, dass jedes Bundesland eigene Rahmenrichtlinien in Form von Erlassen und Verwaltungsvorschriften hat. Folglich sind sie sehr unterschiedlich. An Schulen, die sich mit der Problematik der Legasthenie auseinandergesetzt haben, werden mittlerweile auch diverse Förderprogramme gefahren, die den jeweiligen Störungen angepasst sind.[23]

Das folgende Kapitel wird darauf eingehen, wie solche Förderprogramme und andere Hilfsmaßnahmen aussehen können.

4.3 Therapiemöglichkeiten

Wie schon in den vorherigen Kapiteln erwähnt, ist der familiäre Rückhalt enorm wichtig. Aber was genau können Eltern tun um ihren Kinder zu helfen und sie zu fördern?

Die erste Maßnahme sollte sein, dem Kind die Legasthenie zu erklären und ihm somit die Versagensängste zu nehmen. Die so genannte „Überforderungs-Spirale" darf auf keinen Fall zu Hause fortgesetzt werden. Es ist wichtig, dass man dem Kind Aussichten auf kleine Erfolge stellt und die richtigen Prioritäten setzt. In diesem Fall ist Lesen wichtiger als Rechtschreiben. Es kann auch spielerisch mit dem Kind geübt werden, zum Beispiel mit Gesellschaftsspielen wie Nomen-Memory, Scrabble oder Wortkniffel. Erfolge sollten immer gelobt und nicht die Misserfolge fokussiert werden. Das Wichtigste für das Kind ist Selbstvertrauen.[24]

Da Schulen mitunter nicht gezielt fördern können, werden viele Therapieangebote von außerschulischen Anbietern gestellt. Diese Angebote werden von praktizierenden Therapeuten mit abgeschlossenem Hochschulstudium mit den Kernfächern Pädagogik, Medizin und Psychologie angeboten, da es das Berufsbild des „Legasthenie- oder Dyskalkulie Therapeuten", sowie den Ausbildungsberuf noch nicht geschützt gibt. Und auch, wenn Legasthenie und Dyskalkulie als anerkannte „Krankheitsbilder" gelten, so übernehmen Krankenkassen die Therapiekosten nicht.[25]

---

[23] Vgl. BVL Hilfe: URL: http://www.bvl-legasthenie.de/legasthenie/hilfe [04.02.2008].
[24] Vgl. Ebd. [04.02.2008].
[25] Ebd. [04.02.2008].

Die Förderungsansätze der Schulen sollten laut der Kultusministerkonferenz von 2007[26] wie folgt aussehen: Förderung in Gruppen von der Größe von maximal vier bis sechs Schülern, wobei das Entwicklungsniveau des Kindes zu beachten ist. Für die 1. und 2. Klasse wird die Förderung der phonologischen Bewusstheit empfohlen. Das beinhaltet das Zerlegen von Wörtern in Laute, das Zusammenfügen von Lauten zu Wörtern, die Silbengliederung, das Lautgedächtnis, die Buchstaben-Laut-Zuordnung und die Förderung der Wortlesefähigkeit. Ebenfalls wird empfohlen, ein spezielles Lesetraining einzusetzen, welches die Lesegenauigkeit und das Leseverständnis fördert. Ab Mitte der 2. bis Ende der 4. Klasse wird ein spezielles Lese- und Rechtschreibtraining vorgeschlagen. Für die 5. und 6. Klasse wird dann noch eine Kombination aus Regeltraining und syllabierendem Mitsprechen, sowie ein Verhaltenstherapeutisch orientiertes Regeltraining empfohlen.[27]

5 Fazit

Mit dieser Arbeit habe ich versucht einen kleinen Überblick über die Thematik der Legasthenie zu geben. Wie man unschwer erkennen kann, handelt es sich dabei um ein sehr weites Feld, welches noch sehr viel ausgedehnterer Forschung bedarf. Ebenso bedarf es noch sehr viel Forschung und Engagement auf dem Gebiet der Prävention sowie der Förderung von Legasthenikern. Ein Schritt in diese Richtung wäre zum Beispiel eine einheitliche Begriffsverwendung und einheitliche Förderungsmaßnahmen in allen Bundesländern.

---

[26] Vgl. BVL Grundsätze zur schulischen Förderung bei Legasthenie: URL: http://www.bvl-legasthenie.de/schule/schulfoerderunglegas [04.02.2008].
[27] Ebd. [04.02.2008].

6 Literaturverzeichnis

Einige der Autorennamen waren nicht vollständig auflösbar. Daher blieben
die Initialen bestehen.

6.1 Lexikonartikel

DUDEN - Das große Fremdwörterbuch. Herkunft und Bedeutung der
Fremdwörter. 3., überarb. Aufl. Mannheim 2003, S.

6.2 Primärliteratur

Textbeispiel von Beispielperson 1.

Textbeispiel von Beispielperson 2.

6.3 Sekundärliteratur

DEUTSCHE GESELLSCHAFT FÜR KINDER- UND JUGENDPSYCHIAT-
RIE UND PSYCHOTHERAPIE u.a. (Hrsg.): Leitlinien zur Diagnostik
und Therapie von psychischen Störungen im Säuglings-, Kindes- und
Jugendalter. 2., überarb. Aufl. 2003.

ELBRO, CARSTEN: Early linguistic abilities and reading development. A
review and a hypothesis. In: Reading and Writing. (Jg. 1996), H. 8,
S. 453–485.

ENNEMOSER, MARCO u.a.: Die Rolle des Fernsehkonsums bei der Entwicklung von Lesekompetenzen. In: GROEBEN, NORBERT / HUR-
RELMANN, BETTINA (Hrsg.): Lesekompetenz – Bedingungen, Dimensionen, Funktionen. Weinheim 2000, S. 236–250.

FISHER, SIMON E. / DEFRIES, JOHN C.: Developmental Dyslexia: Genetic Disposition of a Complex Cognitive Trait. In: Nature Reviews.
(Jg. 2002), H. 3, S. 767–780.

GRIMM, HANNELORE / WILDE, SABINE: Im Zentrum steht das Wort. In:
Keller, Heidi. (Hrsg.): Lehrbuch Entwicklungspsychologie. Bern 1998,
S. 445–474.

GROEBEN, NORBERT / HURRELMANN, BETTINA (Hrsg.): Lesekompetenz – Bedingungen, Dimensionen, Funktionen. Weinheim 2000.

GRISSEMANN, HANS: Von der Legasthenie zum gestörten Schriftspracherwerb. Therapeutische und sprachdidaktische Konsequenzen eines gewandelten psychologischen und sonderpädagogischen Konzepts. Bern 1996.

GUTTORM, TOMI u.a.: Event-Related Potentials and Consonant Differentiation in Newborns with Familial Risk for Dyslexia. In: Journal of Learning Disabilities. (Jg. 2001), H. 34, S. 534–544.

KELLER, HEIDI (Hrsg.): Lehrbuch Entwicklungspsychologie. Bern 1998.

MCARTHUR, G. M. u.a.: On the "specifics" of specific reading language impairment. In: Journal of Child Psychology and Psychiatry and Allied Disciplines. (Jg. 2000), H. 41, S. 869–874.

MOLFESE, DENNIS L.: Predicting Dyslexia at 8 Years of Age Using Neonatal Brain Responses. In: Brain and Language. (Jg. 2000), H. 72, S. 238–245.

PETERMANN, FRANZ: Lehrbuch der klinischen Kinderpsychologie. 2. Aufl. Göttingen u.a. 1996.

RANSCHBURG, PAUL: Die Leseschwäche (Legasthenie) und Rechenschwäche (Arithmasthenie) der Schulkinder im Lichte des Experiments. Berlin 1916.

— Die Lese- und Rechtschreibstörungen des Kindesalters. (Heilpädagogik und Medizin) Halle a. S. 1928.

SCHUMACHER, JOHANNES u.a.: Strong genetic evidence of DCDC2 as a susceptibility gene for dyslexia. The American Journal of Human Genetic. (2006), H. 78 (1), S. 52–62.

WARNKE, ANDREAS: Umschriebene Lese-Rechtschreibstörung. In: PETERMANN, FRANZ: Lehrbuch der klinischen Kinderpsychologie. 2. Aufl. Göttingen u.a. 1996, S.287–323.

Warnke, Andreas / Amorosa, Hedwig u.a.: Umschriebene Entwicklungsstörungen schulischer Fertigkeiten (F81). In: DEUTSCHE GESELLSCHAFT FÜR KINDER- UND JUGENDPSYCHIATRIE UND PSYCHOTHERAPIE u.a. (Hrsg.): Leitlinien zur Diagnostik und Therapie von psychischen Störungen im Säuglings-, Kindes- und Jugendalter. 2., überarb. Aufl. 2003, S. 207–223.

6.4 Elektronische Quellen

BUNDESVERBAND LEGASTHENIE UND DYSKALKULIE E.V. HOME-PAGE: URL: http://www.bvl-legasthenie.de/ [04.02.2008]